R.H. Ruhleder: Ruhleders Sprüche und Zitate
Gesammeltes für Manager auf dem Weg zur Spitze...

Illustriert von Rolf Schubert

Rolf H. Ruhleder

Ruhleders Sprüche und Zitate

ILLUSTRIERT VON ROLF SCHUBERT

MAX SCHIMMEL VERLAG

PARTNER FÜR ERFOLGE

Kontaktadresse

Management Institut Ruhleder
Bismarckstraße 64
38667 Bad Harzburg
Telefon: 05322/2045 oder 2046
Telefax: 05322/2047

Impressum

ISBN 3-920834-23-2
4. Auflage 1997

Im Kreuz 9, 97076 Würzburg

Herstellung: Max Schimmel Verlag, Würzburg

VORWORT zur vierten Auflage

Nach drei Jahren die 4., verbesserte Auflage! Dies zeigt mir, daß Humor zum Glück Konjunktur hat! Deshalb lautet auch meine Maxime:
Lache und die Welt lacht mit Dir, weine und Du weinst allein.

In diesem Buch sind viele ernste, besinnliche, aber auch lustige Leitsätze, Sprüche und Zitate zusammengefaßt. Es ist ein Ergebnis aus mehr als 20.000 Stunden Seminartätigkeit.

Alles, was meine Teilnehmer anregte, nachdenklich stimmte oder – und das gefiel mir besonders - zu herzlichem Lachen brachte, habe ich aufgeschrieben. Wo immer ich die Quelle erfahren konnte, wurde diese natürlich genannt.

In 1.400 Veranstaltungen und von mehr als 24.000 Besuchern meiner Rhetorik-, Dialektik- und Verkaufsseminare erhielt ich Denkanstöße, die ich gern an Sie weitergeben möchte.

Etwas Unterhaltsames und gleichzeitig Umsetzbares zu schreiben für alle, die einmal schmunzeln wollen, ist für mich schwieriger gewesen als ein Sachbuch zu verfassen. Um so mehr danke ich
– meinen Seminarteilnehmern
– meinem sehr geschätzten Partner und kreativen Designer Rolf Schubert, der mich durch seine grafischen Arbeiten und ideenreichen Zeichnungen immer wieder begeistert
- meinen vielen Freunden, die dieses Buch durch ihre Anregungen ermöglicht haben.

Es ist allen gewidmet, die sich ihren Sinn für Humor bewahrt haben.

Rolf H. Ruhleder — Bad Harzburg, im April 1997

GESAMMELTES

FÜR MANAGER AUF DEM WEG ZUR SPITZE...

...UND AUF DEM WEG ZURÜCK

Kompetenz:
Dürfen, ohne immer zu können.

Management:
Etwas schnell entscheiden
und dann einen anderen finden,
der es tut.

Wenn alle das gleiche denken,
denkt niemand.

Walter Lippmann

Wir wissen zwar nicht,
wo wir hin wollen,
werden aber als erste dabeisein.

Führungskräfte-Seminare
sind Spielhöllen der Eitelkeit.

VIELE TRAGEN DIE VERANTWORTUNG,

MAN WEISS NUR NIE GENAU

WOHIN.

Es gibt drei Sorten von Lügen:
Lügen, verdammte Lügen und
Statistiken.

Mark Twain

Drei Arten von Lügen: die echte,
die Statistik und die Wahrheit.

Hugo Wuner

Es stimmt, daß Geld nicht
glücklich macht. Allerdings
meint man damit das Geld
der anderen.

George Bernhard Shaw

Schießen Sie links und rechts
an der Sau vorbei. Statistisch
ist diese Sau tot.

Wenn man bedenkt, daß das
Geld jedes Jahr 5 Prozent
von seinem Wert verliert,
kann man sagen:
Geld verdunstet in 20 Jahren.

Danny Kaye

ES WIRD GESPART,

EGAL WAS ES

KOSTET!

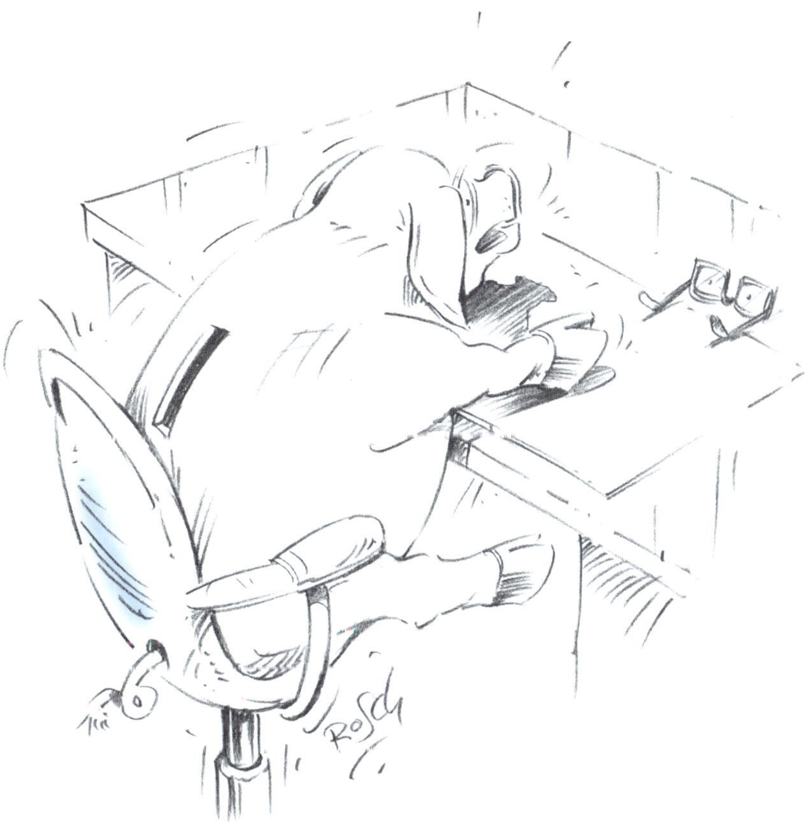

Trauen Sie keiner Statistik,
die Sie nicht selbst gefälscht haben.

Wenn man den Kopf in der Sauna hat
und die Füße im Kühlschrank,
sprechen Statistiker von einer angenehmen
mittleren Temperatur.

Franz Josef Strauß

Die Statistik ist das richtige Addieren
falscher Ziffern.

Charles Maurice de Talleyrand

Statistik ist ein Verfahren, das gestattet,
ungewisse Daten mit der Genauigkeit
von Hundertstelprozent auszudrücken.

Statistiken sind wie Bikinis:
Was sie nicht zeigen, ist verwirrend,
was sie verhüllen, ist lebenswichtig.

Lord Mankroft

DIE GESCHÄFTSLAGE IST LAUT EINES

VERKÄUFERS DURCHSCHNITTLICH –

SCHLECHTER ALS LETZTES JAHR UND

BESSER ALS NÄCHSTES JAHR.

DER BRIEFKOPF IST OFT

DER EINZIGE KOPF IM HAUSE.

Wer selbst arbeitet,
verliert die Übersicht.

Das einzige, was hier klappt,
sind die Türen, und das
darf nicht unser Motto sein.

Es ist besser,
die richtige Arbeit zu tun,
als eine Arbeit richtig zu tun.

Peter F. Drucker

In mancher Firma
sind Sommersprossen
die einzigen Gesichtspunkte.

Der einzige,
der in der Firma gut aufgelegt ist,
ist der Telefonhörer.

Können Sie mal von was
anderem schweigen?

Nach mir gibt´s keine Zukunft.

Halbe Erfolge sind die gefährlichsten.

Peter F. Drucker

Beim Diktat:
"Anrede wie immer,
übliche Einleitung, Ihr Schreiben
vom Soundsovielten, dankend
und so weiter.
Leider können wir im Augenblick
nicht bla, bla, bla.
Wir hoffen aber pi, pa, po. Schluß
wie gehabt. Und jetzt lesen Sie mir
das Ganze noch mal vor."

"HABEN SIE NOCH EINE FRAGE?

ICH HABE NOCH EIN GANZ

STARKES ARGUMENT."

Ein Chef ist ein Mensch
wie jeder andere,
er weiß es nur noch nicht.

Besserwisser sind Leute,
die einem Pferd die Sporen geben,
auf dem sie gar nicht sitzen.

So vieles von dem,
was wir Management nennen,
erschwert den Menschen die Arbeit.

Reich ist, wer weder schmeicheln
noch borgen muß.

Wer Erfolg verursacht, ist bereit,
Fehler zu machen.

Frank Tyger

FRISST EINEM JEMAND AUS DER HAND,

TUT MAN GUT DARAN, VON ZEIT ZU ZEIT

DIE FINGER NACHZUZÄHLEN.

Die Pflicht ruft, laß sie schreien.

Gut eingespieltes Spesenteam
sucht sich zu verändern.

Ein fleißiges Mühlrad
friert nicht ein.

Japanisches Sprichwort

Der Mensch ist das einzige
Lebewesen, das Geschäfte macht.
Kein Hund tauscht einen
Knochen mit einem anderen.

Adam Smith

Wer verlangt, daß mit offenen
Karten gespielt wird,
hat gewöhnlich alle Trümpfe
in der Hand.

Graham Green

GALOPPIEREN NÜTZT NICHTS, WENN MAN

IN DIE FALSCHE RICHTUNG LÄUFT.

Ich glaube nicht an Wunder,
ich verlasse mich auf sie.

Erfolg verdankt man oft
den Ratschlägen, die man
nicht befolgt hat.

Erfolg ist die Kunst,
unbemerkt Fehler zu machen.

Wir sind die Schnellsten.
Wenn andere noch rutschen,
liegen wir schon auf der Fresse.

Jeder bekommt, was er verdient.
Allerdings nur die Erfolgreichen
geben es zu.

VERGANGENES JAHR

STANDEN WIR

NOCH VOR EINEM ABGRUND;

DIESES JAHR

SIND WIR SCHON EINEN

GROSSEN SCHRITT WEITER.

Wir sitzen alle in einem Boot;
nur die einen angeln -
und wir rudern.

Arbeitswut tut selten gut.

In dieser Firma sind alle
Mitarbeiter vollkommen
entbehrlich. Es sei denn,
sie wollen einen Tag
Urlaub nehmen.

Erfolg :
Wenn A für Erfolg steht,
gilt die Formel A = X + Y + Z.
X ist Arbeit, Y ist Muße,
und Z heißt Mundhalten.

Albert Einstein

WER ALLE ZIELE ERREICHT,

HAT SIE WAHRSCHEINLICH

ZU NIEDRIG ANGESETZT.

Schade,
daß rote Zahlen auf dem Konto
nicht annähernd so beruhigend sind
wie auf dem Kalenderblatt.

Gerd Karpe

Sie haben aufgrund ihrer
hervorragenden Verkaufserfolge
eine Incentive-Reise gewonnen:
Eine Woche Camping-Urlaub
am Kamener Kreuz.

Ein hervorragender
Wochenumsatz, Herr Müller.
Schade nur, daß Sie zwei
Wochen benötigt haben.

Der Dumme lernt nie.
Der Gescheite lernt aus seinen
Fehlern. Der Kluge lernt
aus den Fehlern anderer.

WER SICH DIE FÜSSE VERTRITT,

IST NOCH LANGE KEIN VERTRETER.

Marketing ist, wenn man
einer Gans die Füße platt drückt,
und sie dann als Ente verkauft.

Besser eiskalt rechnen
als brühwarm draufzahlen.

Hätte man
bei der Erschaffung der Welt
einen Arbeitskreis eingesetzt,
dann wäre sie heute
noch nicht fertig.

Die Zehn Gebote Gottes
sind deshalb so klar verständlich,
weil sie ohne Mitwirkung
einer Sachverständigenkommission
zustande gekommen sind.

Charles de Gaulle

MÄRKTE SIND WIE FALLSCHIRME,

SIE FUNKTIONIEREN NUR,

WENN SIE SICH ÖFFNEN.

HELMUT SCHMIDT

Jung - dynamisch - und erfolglos.

Was nützt Stehvermögen,
wenn das Rückgrat fehlt?

Manch einer hat so ein dickes Fell,
daß er kein Rückgrat braucht.

Das Gleichgewicht verliert man
schneller als das Übergewicht.

Wenn man sich vor jemand verbeugt,
zeigt man einem anderen den Hintern.

MIT LEEREM KOPF

NICKT SICH´S LEICHTER.

Es kommt darauf an,
wie einer netto lebt, nicht brutto.

Alfred Polgar

99 Prozent deiner Probleme
kreisen um dich selbst,
und da ist niemand.

Chinesisches Sprichwort

Ein Manager löst keine Probleme,
er modernisiert sie nur.

Es gibt ein Alter,
in dem eine Frau schön sein muß,
um geliebt zu werden.
Und dann kommt das Alter,
in dem sie geliebt werden muß,
um schön zu sein.

Francoise Sagan

JEDENFALLS IST ES BESSER,

EIN ECKIGES ETWAS ZU SEIN,

ALS EIN RUNDES

NICHTS.

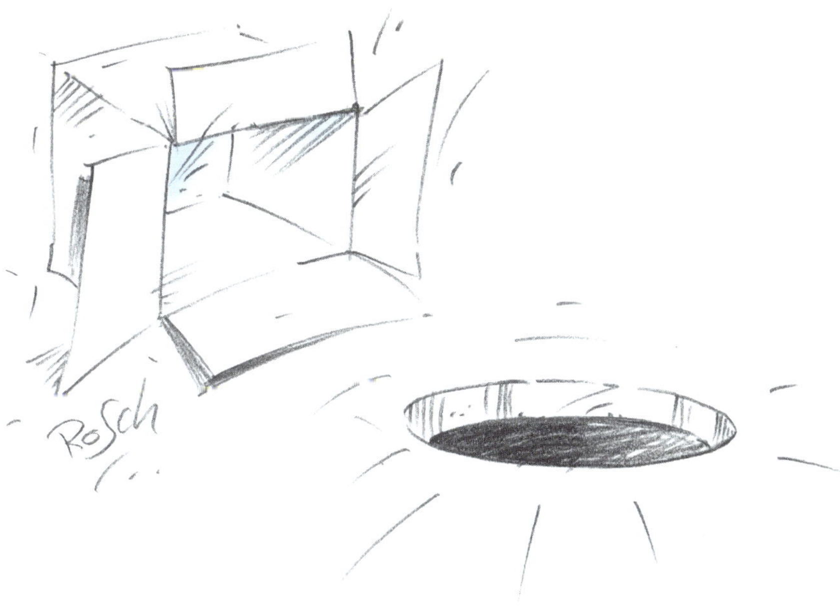

KARRIERE IST DIE KUNST AUFZUSTEIGEN, OHNE DASS MAN EINGESPERRT WIRD.

Alle Mitarbeiter sind hier gleich,
nur die Gehälter sind verschieden.

Warum klagen so viele,
daß sie unterschätzt werden?
Schlimmer ist doch das Gegenteil.

Mark Twain

Wer immer auf sein Recht pocht,
bekommt schnell wunde Finger.

Der Standpunkt macht es nicht,
die Art macht es,
wie man ihn vertritt.

Fontane

Die fortschreitende Mathematisierung
hat den Vorteil, daß man sich
viel genauer irren kann.

Als sie ihr Ziel
aus den Augen verloren hatten,
verdoppelten sie ihre Anstrengungen.

Fanatismus besteht darin,
daß man seinen Eifer verdoppelt,
wenn man das Ziel vergessen hat.

Hermann Graf Keyserling

Wie richtet man einen Betrieb zugrunde?
1. Durch schöne Frauen, das ist am schönsten.
2. Durch Spiel, das geht am schnellsten.
3. Durch Computer (das ist am gründlichsten).

Was sein muß, ist nicht immer,
wie es sein sollte und könnte, und was ist,
muß nicht immer so sein, wie es ist.

Aurel Schmidt

WO WIR SIND, KLAPPT NICHTS -

- ABER WIR KÖNNEN NICHT

ÜBERALL SEIN.

Man sollte schon deshalb
kein langes Gesicht machen,
weil man dann mehr zu rasieren hat.

Fernandel

Was manche Leute sich selbst
vormachen, das macht ihnen
so schnell keiner nach.

Gerd Uhlenbrock

Selbstironie ist die Kunst,
sich selbst so durch den Kakao
zu ziehen, daß er noch schmeckt.

Improvisation - das ist,
wenn niemand die Vorbereitung
merkt.

Henri Tissot

Ein Zyniker ist ein Mensch,
der von allem den Preis und
von keinem den Wert kennt.

Oscar Wilde

INTERESSANTE SELBSTGESPRÄCHE

SETZEN EINEN KLUGEN PARTNER VORAUS.

An der Spitze stehen
ist immer noch zu weit hinten.

Ruin kann drei Ursachen haben:
Frauen, Wetten
oder den Rat von Fachleuten.

Georges Pompidou

Niemand trägt beim Betriebsausflug
soviel zur Unterhaltung bei
wie die Kollegen,
die nicht dabei sind.

Wahrheit ist dem Menschen zumutbar.

Ingeborg Bachmann

Liebe Deinen Nachbarn,
aber reiße den Zaun nicht ein!

WER SEINEN

STUHL FÜR EIN

SPRUNGBRETT

HÄLT, LIEGT

BALD AUF DER

NASE.

Ehrlich ist, wer seine Faulheit
nicht als Müdigkeit ausgibt.

Lothar Schmidt

Nichts ist so leicht wie Geldverdienen,
man braucht nur etwas zu haben,
was andere sich wünschen.

Intuition ist, daß man sich sicher ist,
aber nicht weiß, warum!

Henry Miutzberg

Wenn überhaupt keine Winde wehen,
hat sogar der Wetterhahn Charakter.

Stanislaw Jerzy Lec

Erfahrung ist das, was du bekommst,
wenn du nicht bekommen hast,
was du eigentlich bekommen wolltest.

MANCHEM GELINGT ES, ZUR SPITZE

AUFZUSTEIGEN, INDEM ER SICH WIE DER

WETTERHAHN NACH DEM WIND DREHT.

WENN ER SICH EINMAL SELBST BEWEGT,

DARF ER SICH NICHT WUNDERN,

DASS DER WIND SICH NICHT MITDREHT.

Gesunde Vorurteile
ersetzen jede Datensammlung !

Es genügt nicht, keine Gedanken
zu haben, man muß auch fähig sein,
sie auszudrücken.

Wer zu lange redet,
gerät in Beweisnot.

Wer nicht überzeugen kann,
sollte wenigstens Verwirrung stiften.

UNTER GESCHICKTEN HÄNDEN

WERDEN SOGAR NIETEN UNENTBEHRLICH.

Sie sind so langsam, daß man
Ihnen sogar während des Laufens
die Schuhe besohlen kann.

Sie haben das Temperament
einer Schlaftablette.

Mit dem Trainieren ist es
wie mit dem Urinieren:
Zunächst drückt es furchtbar
unangenehm, hinterher ist es
unheimlich angenehm.

Wer etwas kann, der tut es,
wer etwas sicher kann, der lehrt es.

George Bernard Shaw

Passen Sie auf, wenn Sie
durch den Wald laufen,
daß Ihnen nicht der Efeu
zwischen den Beinen hochwächst.

KLAPPERN GEHÖRT

ZUM

HANDWERK.

Auf neue Fragen müssen neue
Antworten gefunden werden.

Wir sind zu allem fähig,
aber zu nichts zu gebrauchen.

Denken ist das, was viele Leute
zu tun glauben, wenn sie lediglich
ihre Vorurteile neu ordnen.

William James

Denken ist die schwerste Arbeit,
die es gibt. Das ist wahrscheinlich
auch der Grund, daß sich so
wenige Leute damit beschäftigen.

Henry Ford

WENN MAN DIE OHREN AUF DURCHZUG STELLT,

DANN HEISST DAS NOCH LANGE NICHT,

DASS MAN EINEN FRISCHEN GEIST

BEKOMMT.

Was ist ein Abteilungsleiter?
Männlicher Angestellter,
der sich seinen Kaffee
nicht selbst aufbrühen muß.

Die Nachbarn sind die Prüfungs-
aufgaben, die uns das Leben stellt!

Nimm den Büroärger wie
eine Pille: Schlucke ihn,
aber zerkaue ihn nicht.

Der Unternehmer zu seinen
Arbeitern: Für den Fleißigen
hat die Woche sieben Heute,
für den Faulen sieben Morgen.

EIN KOMPROMISS IST DANN VOLLKOMMEN,

WENN BEIDE DAS BEKOMMEN,

WAS SIE NICHT HABEN WOLLEN.

EDGAR FAURE

Eine Fürsprache ist besser
als drei Fremdsprachen.

In einem guten Wort
ist Wärme für drei Winter.

Sprichwort aus der Mongolei

Um höher zu kommen,
geht manch einer in die Knie.

Lob ist eine gewaltige Antriebs-
kraft, dessen Zauber seine
Wirkung nie verfehlt.

Andor Foldes

Siehst Du einen Riesen,
prüfe den Stand der Sonne,
es könnte der Schatten
eines Zwerges sein.

Merke: Gott lenkt,
der Mensch lenkt ein.

Gerhard Uhlenbruck

NICHT JEDER DER

IN DIE KNIE GEHT,

SETZT ZU EINEM HOHEN

SPRUNG AN.

WAS MAN NICHT BEGREIFT,

VERLERNT MAN NICHT.

Vergessen ist eine Form
des Neinsagens.

Axel Schnorbus

Vergessen ist ein Prozeß
geistiger Müllabfuhr.

Brigitte Milgner

Irren ist menschlich,
aber für ein totales Chaos
braucht man einen Computer.

Es gibt nichts, was nicht
geändert werden kann.

Jeder klagt über sein mangelhaftes
Gedächtnis, aber niemand über
seinen mangelhaften Verstand.

Francois de la Rochefoucauld

Der Mensch steht im Mittelpunkt
- und somit allen im Weg.

Operative Hektik ersetzt
geistige Windstille.

Die Hauptsache, es geht vorwärts
- die Richtung ist egal.

Wer schon die Übersicht verloren hat,
sollte nicht auch noch den Mut
zur Entscheidung verlieren.

Damit immer mehr
immer weniger tun können,
müssen immer weniger
immer mehr tun.

Wir arbeiten Hand in Hand -
was die eine nicht schafft,
läßt die andere liegen.

SEIEN SIE FREUNDLICH ZU AUFSTEIGERN,

IHR NEUER CHEF KÖNNTE DABEI SEIN.

Geist und Pflanzen
haben eines gemeinsam:
Nur wenn man sie hegt und düngt,
kann man sich später daran erfreuen
- und die Ernte einbringen.

Es gibt nichts zu tun -
fangt schon mal an.

Statussymbole sind Orden,
die man sich selber kauft.

Bernhard Wicki

Statussymbole sind die Rang-
abzeichen der Zivilisten.

Unter schwarzen Schafen
ist selbst ein graues weiß.

MANCHER WIRD IN DEN SATTEL GEHOBEN,

OHNE ZU WISSEN,

WOHIN DAS PFERD LÄUFT.

Wer sich nichts sagen läßt,
wird nichtssagend.

Hans Kastranek

Wo die Pferde versagen,
schaffen es die Esel.

Johannes XXIII

Ein Kluger bemerkt alles.
Ein Dummer macht über alles
eine Bemerkung.

Heinrich Heine

Wenn Schwätzer aufhören zu reden,
hat die Stille etwas Ehrwürdiges.

Zwei Dinge sind unendlich:
das Universum und die menschliche
Dummheit;
aber bei dem Universum bin ich
mir immer noch nicht ganz sicher.

Albert Einstein

JEDER MENSCH HAT FEHLER -

ICH WOLLTE,

ICH HÄTTE AUCH WELCHE.

Schwach anfangen und dann
stark nachlassen.

Was Krupp in Essen, bin ich
im Trinken.

Wer Probleme auf sich zukommen läßt,
hat mehr davon.

Günter Bauer

Nichts tun macht nur Spaß,
wenn man eigentlich viel zu tun hätte.

George Mikes

Die Menschen sind vor einfachen Ideen
wie die Fledermäuse vor dem Licht:
blind nämlich.

Aristoteles

EINE LÖSUNG HATTE ICH,

ABER DIE PASSTE NICHT ZU DEM PROBLEM.

Mancher lernt es nie und auch
dann nur unvollkommen.

Wenn jemand seine Hände
in den Schoß legt, muß er
noch lange nicht untätig sein.

Am rollenden Stein
wächst kein Moos.

Griechisches Sprichwort

Wenn jemand sagt,
er hat keine Zeit,
dann bedeutet das nur,
daß andere Dinge
für ihn wichtiger sind.

Reinhard Höhn

Subventionen: Verschleierte
Arbeitslosenunterstützung
für unternehmens- und volks-
wirtschaftlich unnötige Arbeit.

WER FÜR SEINE ERFOLGSERLEBNISSE NICHT

SELBST SORGT,

HAT SIE NICHT VERDIENT.

Jeder macht, was er will -
keiner macht, was er soll -
aber alle machen mit.

Bei uns kann jeder werden,
was er will -
ob er will oder nicht.

Nichts kommt von selbst,
sogar eine Dummheit muß man
erst machen.

Stanislaw Jerzy Lee

Wir wissen zwar nicht
was wir wollen,
aber das mit ganzer Kraft.

Wer nicht weiß,
was er selber will,
muß wenigstens wissen,
was die anderen wollen.

Robert Musil

WER VON ANFANG AN GENAU WEISS,

WOHIN SEIN WEG FÜHRT,

WIRD ES NIE WEIT BRINGEN.

NAPOLEON

Pünktlichkeit ist die Kunst,
richtig abzuschätzen, um wieviel
sich der andere verspäten wird.

Wir müssen so gut wie möglich,
nicht jedoch so erfolgreich
wie möglich sein.

Werner Höfer

Menschen, die von früh bis spät
in Eile sind, leben nicht lange.

Chinesisches Sprichwort

Grüße jeden Dummen,
er könnte morgen
dein Vorgesetzter sein.

Wenn es nicht so viele Dummköpfe gäbe,
hätten die Gescheiten keinen Erfolg.

FAHREN SIE MICH IRGENDWO HIN,

ICH WERDE ÜBERALL GEBRAUCHT.

BESSER HEIMLICH SCHLAU,

ALS UNHEIMLICH

BLÖD.

Jeder Mensch ist ein Clown,
aber nur wenige haben den Mut,
es zu zeigen.

Charlie Rivel

So mancher meint,
ein gutes Herz zu haben,
und hat doch nur schwache Nerven.

Tritt frisch auf, mach´s Maul auf,
hör´ bald auf.

Luther

Ich freue mich, daß Sie
Ihre Meinung über mich geändert haben.
Früher galt ich als arrogant,
heute hält man mich für perfekt.

Wer nicht kann, was er will,
muß wollen, was er kann.

Leonardo da Vinci

Das einmal ausgesprochene Wort
entflieht – für immer.

Horaz

Der ist kein freier Mensch,
der sich nicht auch einmal
dem Nichtstun hingeben kann.

Cicero

Zeit ist die einzige Anleihe,
die selbst ein dankbarer Empfänger
nicht zurückzahlen kann.

Seneca

Die Sprache ist dem Menschen
gegeben, um seine Gedanken
zu verbergen.

Ch. M. de Talleyrand

UNTER BRAUNGEBRANNTER HAUT

VERBIRGT SICH MANCH

BLASSE ERSCHEINUNG.

Wer mit seinem Latein am Ende ist,
sollte es mal in Deutsch versuchen.

Wer viel redet, erfährt wenig.

Was sagen Sie als Außenstehender
zur Frage der Intelligenz?

Wer so spricht, daß er verstanden wird,
spricht immer gut.

Molière

Wer klug ist, wird im Gespräch
weniger an das denken,
worüber er spricht, als an den,
mit dem er spricht. Sobald er dies tut,
ist er sicher, nichts zu sagen,
das er nachher bereut.

Arthur Schopenhauer

WER SELBST REDET,

VERLIERT EHER

DEN FADEN.

Arme Leute ohne Swimmingpool
haben den Vorteil, daß sie nicht
vor dem Frühstück schwimmen
müssen.

Man muß ganz schön verdienen,
um sein Brot mit Butler
essen zu können.

Angestellte werden durch ihren Chef
auf Fehler aufmerksam gemacht.
Selbständige durch die Steuererklärung.

Wenn mehrere gleichzeitig nichts tun,
so ist das dann noch lange keine
Koordinierung der Arbeit.

W. Lichey

DER MENSCH WÄCHST AUCH

MIT DEN AUFGABEN,

DIE ANDERE

FÜR IHN ERLEDIGEN.

Chef zum Mitarbeiter:
"Halten Sie den Mund,
wenn Sie mit mir reden."

Die sechs Phasen der Planung:
Begeisterung, Ernüchterung, Panik,
Suche nach dem Schuldigen,
Bestrafung der Unschuldigen,
Auszeichnung der Nichtbeteiligten.

Angenehme Arbeitsbedingungen:
Wenn ein Unternehmer
seine Mitarbeiter so behandelt,
daß diese am Freitagnachmittag
nicht so müde nach Hause gehen,
wie sie Montagmorgen
zur Arbeit kommen.

MAN MUSS GEIST HABEN,

UM IHN AUFGEBEN ZU KÖNNEN.

WER DEN
KOPF
VERLIERT,
DER BEWEIST
DAMIT
NICHT,
DASS ER
VORHER
EINEN
HATTE.

Wer sich ärgert,
büßt für die Sünden
anderer Menschen.

Konrad Adenauer

Unfähigkeit schützt nicht
vor Karriere.

Geduld ist die Kunst, nur
langsam wütend zu werden.

Einmal gut geschwiegen
ist besser als dreimal
schlecht geantwortet.

Schweigen ist eine leise,
aber elementare Äußerung
guten Benehmens.

Nur wenige sind es wert,
daß man Ihnen widerspricht.

Ernst Jünger

Kollegen, die keinen Spaß
verstehen, sollte man nicht
ernst nehmen.

Zuerst lernt man gehen
und sprechen,
später dann stillsitzen
und den Mund halten.

WENN EINER DURCH DIE BLUME SPRICHT,

NEHMT EUCH IN ACHT.

Was man nicht weiß,
ist oft besonders heiß.

Wer rechnet, ist immer in Gefahr,
sich zu verrechnen.

Theodor Fontane

Nur die Phantasielosen
flüchten in die Realität

Erfahrungen sammelt man wie Pilze:
einzeln und mit dem Gefühl,
daß die Sache nicht ganz geheuer ist.

Erskine Caldwell

Wenn man nicht auf kleine
Gewinne verzichten kann,
wird man keine großen Gewinne
machen.

Konfuzius

DIPLOMATIE IST DIE FÄHIGKEIT,

DEN HUND SO LANGE ZU STREICHELN,

BIS DER MAULKORB

FERTIG IST.

Es gibt nur zwei Klassen
in der Gesellschaft:
Leute, die mehr bekommen,
als sie verdienen, und andere,
die mehr verdienen,
als sie bekommen.

James Holbrook

Management ist, wenn zehn Leute
für das bezahlt werden, was fünf
billiger tun können, wenn sie
zu dritt wären und zwei davon
krank sind !

Der Mensch wechselt seine
Leitbilder im Lauf des Lebens.
Als Kleinkind beginnt er seine
Sätze mit: "Meine Mutti sagt..."
Wenn er zur Schule geht, ist die
Standardformel:
"Der Lehrer hat gesagt..."
Auf dem Gymnasium:
"Meine Freunde sagen..."
Auf der Universität heißt es:
" Ich sage..."
Und im Berufsleben schließlich:
"Wer sagt das?"

JEDER WIRD SO LANGE BEFÖRDERT,

BIS ER MIT SICHERHEIT UNWIRKSAM IST.

Wermut kommt vor dem Fall.

Sich im Dreck wälzen
ist kein gutes Mittel,
um sauber zu werden.

Aldous Huxley

Schlechte Eigenschaften sind oft
der Nährboden für große Talente.

Francois de La Rochefoucauld

Lieber nachmittags nichts tun
und dafür vormittags
lange schlafen.

ALLE HABEN PROBLEME MIT DEM ALKOHOL -

ICH NUR OHNE.

Jeder Sieger ist auch ein Verlierer.

Rolf H. Ruhleder

Wer nicht gut genug ist,
mir zu nützen, ist auf jeden Fall
noch gut genug,
um mir zu schaden.

Perfektion weckt Aggression.

Rolf H. Ruhleder

Was ist ein Bankett?
Eine Veranstaltung,
bei der man ißt,
was einem nicht schmeckt,
bevor man zu Leuten,
die einen nicht interessieren,
über Dinge spricht, von denen
man keine Ahnung hat.

WER NACH ALLEN SEITEN OFFEN IST,

KANN NICHT GANZ DICHT SEIN.

Fleiß kann man vortäuschen,
faul muß man schon sein!

Jeder Mensch hat ein Brett vor dem Kopf. Es kommt nur auf die Entfernung an.

Marie Ebner-Eschenbach

Tadeln ist leicht; deshalb
versuchen sich so viele darin.
Mit Verstand loben ist schwer;
darum tun es so wenige.

Wenn einem alles
gegen den Strich geht,
sollte man einen Punkt machen.

WENN SIE IMMER NUR DAS TUN,

WAS SIE SCHON KÖNNEN,

WERDEN SIE DAS BLEIBEN,

WAS SIE SCHON SIND.

Daß Sie nichts hören, liegt an mir,
daß Sie nichts verstehen,
liegt an Ihnen.

Als er die Maske abnahm,
sah man das Brett
vor seinem Kopf.

Niemand ist so blind wie der,
der nicht sehen will.

Amerikanisches Sprichwort

Wie kann ich wissen,
was ich denke, bevor ich höre,
was ich sage.

Wer allzulange ein Auge zudrückt,
dem gehen eines Tages beide auf.

Erich Kästner

MANCHER MEINT, ER WÄRE OBJEKTIV,

WEIL ER MIT SEINEM

LINKEN UND RECHTEN AUGE

DASSELBE SIEHT.

Wer einen starken Charakter hat,
braucht keine Prinzipien.

Besser gefeuert als verheizt.

Wer sich für zu wichtig
für kleinere Arbeiten hält,
ist meistens zu klein
für wichtige Arbeiten.

Jaques Tati

Die Tür zur Erfahrung
läßt sich nur von innen öffnen.

Wir lieben die Menschen,
die frisch heraussagen, was sie denken
- falls sie dasselbe denken wie wir.

WER SEINEM CHEF EINEN VOGEL ZEIGT,

MUSS DAMIT RECHNEN,

DASS ER FLIEGT.

Erfahrung ist das Ende jeder
Phantasie.

Wer selten zum Denken kommt,
hält seine Gedanken leicht
für Raritäten.

Schweigen ist eines der am
schwierigsten zu widerlegenden
Argumente.

Josch Billings

Wer mit dem Fuße strauchelt,
kann sich das Bein zerschlagen.
Wer mit der Zunge strauchelt,
riskiert leicht Kopf und Kragen.

Wer die Kunst
zu schweigen nicht versteht,
der weiß auch nicht
zur rechten Zeit zu reden.

Kaiser Heinrich IV.

WISSEN IST MACHT,

NICHTS WISSEN

MACHT AUCH

NICHTS.

Viele wären Feiglinge, wenn sie
ausreichend Mut hätten.

Thomas Fuller

Erfolg hat, wer ihm entgegengeht,
statt ihm nachzulaufen.

Ein Gramm Unternehmensgeist
wiegt mehr als ein Kilogramm
Bürokratie.

Arno Sölter

Wer barfuß geht, dem kann man
nichts in die Schuhe schieben.

Wir wären gesünder, wenn wir
weniger Laufbahn -
und mehr Spazierwege hätten.

Helmut Walters

MAN KANN NIEMANDEN ÜBERHOLEN,

WENN MAN IN SEINE FUSSTAPFEN TRITT.

Körperliche Abwesenheit
ist besser als Geistesgegenwart.

Manch einer ist so überzeugt,
daß er gar nicht mehr weiß,
wovon.

Da wir von allem nichts verstehen,
reden wir überall mit.

Ich glaube an die Zucht des
Schweigens. Ich könnte
stundenlang darüber reden.

George Bernard Shaw

NICHT ALLE, DIE VIEL REDEN,

SAGEN WIRKLICH

WAS LOS IST.

Es gibt Menschen, die machen
nur den Mund auf, um anderen
die Luft zu stehlen.

Wenn es Dir gut geht,
mach´ Dir keine Sorgen,
es wird wieder vorübergehen.

Wer lächeln kann, wenn alles
schiefgeht, der weiß genau,
wen er für die Pannen
verantwortlich machen kann.

MAN KANN EINEM MENSCHEN

AM BESTEN DIE ZÄHNE ZEIGEN,

INDEM MAN IHN ANLACHT.

... darauf gibt es nur eine einzige
Antwort: Ja oder Nein.

Walter Wallmann

Gepriesen seien all jene,
die nichts zu sagen haben
und es auch für sich behalten.

Grundsätze sind dazu da,
sie hochzuhalten, damit man
unten durchschlüpfen kann.

Hermann Höcherl

ICH ANTWORTE

MIT EINEM ENTSCHIEDENEN

VIELLEICHT.

Besser ein langsamer Denker
als ein schneller Sprecher.

Haben wir den Faden verloren,
wird uns die Bedeutung
der Sackgasse bewußt.

Wenn jemand etwas "äußert",
muß er es noch lange nicht
"verinnerlicht" haben.

Alle menschlichen Organe
werden irgendwann einmal müde,
nur die Zunge nicht.

Konrad Adenauer

ZUM ERFOLG GIBT ES KEINEN LIFT,

WIR MÜSSEN DIE TREPPE NEHMEN.

Morgen ist immer der Tag,
an dem die Faulen
am meisten zu tun haben.

Ich werde jeden Tag klüger -
vor acht Jahren war ich noch
Ihrer Meinung.

Der kann nicht reden,
der nicht schweigen kann.

Worte belehren,
Beispiele reißen mit.

Mache dich nicht so wichtig -
es gibt größere Zwerge,
als du einer bist.

John Knittel

KEINER IST UNNÜTZ:

ER KANN IMMER NOCH

ALS SCHLECHTES BEISPIEL DIENEN.

Achtung verdient, wer erfüllt,
was er vermag.

Sophokles

Meinung ändert keine Tatsache.

Francessco Petrarca

Ein Kluger kann sich
dumm stellen, aber ein Dummer
wirkt überzeugender!

"Meine Meinung steht fest,
bitte verwirren Sie mich jetzt
nicht mit Tatsachen."

WAS MACHT

IHR FRISEUR

HAUPTBERUFLICH?

Vom Schweigen schmerzt
die Zunge nicht.

Ein Wort zuviel
ist ein Gedanke zuwenig.

Wer alles versteht, was er tut,
bleibt unter seinem Niveau.

Wo war ich denn, als ich mich
am meisten gebraucht habe?

Man braucht zwei Jahre,
um sprechen zu lernen,
und fünfzig,
um schweigen zu lernen.

Ernest Hemingway

NILPFERD-MANAGEMENT:

ERST DAS MAUL AUFREISSEN

UND DANN UNTERTAUCHEN.

Der Vorteil der Klugheit besteht darin,
daß man sich dumm stellen kann -
umgekehrt ist das schon schwieriger.

Wer die Dummköpfe gegen sich hat,
verdient Vertrauen.

Jean-Paul Sartre

Eine Holdinggesellschaft
ist ein Unternehmen,
bei dem man dem Partner
die Beute zur Aufbewahrung übergibt,
während man selbst
von der Polizei durchsucht wird.

Will Rogers

WER HIER KEIN

SCHWEIN IST,

WIRD SCHNELL

ZUR SAU

GEMACHT.

EIN EXPERTE IST EIN MENSCH, DER IN LETZTER MINUTE HINZUGEZOGEN WIRD, UM EINEN TEIL DER SCHULD ZU ÜBERNEHMEN.

Wer mit allen Wassern
gewaschen ist, ist deshalb
noch lange nicht rein.

Wenn eine Hand die andere wäscht,
pflegen meistens beide schmutzig
zu werden.

Bei manch einem muß es erst
zappenduster werden, ehe ihm
ein Licht aufgeht.

Je mehr Autos man unterwegs trifft,
desto mehr freie Parkplätze gibt es -
irgendwo.

Der Weg zur Chefetage ist mit
Vorzimmerdamen gepflastert.

Unser Chef ist völlig unbestechlich.
Er nimmt nicht einmal Vernunft an.

Wir sitzen alle in einem Boot -
schade nur, daß es eine Galeere ist.

Nathaniel Norman

Es gibt zwei Arten von Mitarbeitern,
aus denen nie etwas Richtiges wird:
Diejenigen, die nie tun,
was man ihnen sagt,
und diejenigen, die nur tun,
was man ihnen sagt.

MITBESTIMMUNG:

HIER KOMMT ES LEDIGLICH DARAUF AN,

DASS DIE RICHTIGEN LEUTE

IM GREMIUM SITZEN.

Managerkrankheit ist eine Epidemie,
die durch den Uhrzeiger hervorgerufen
und durch den Terminkalender
übertragen wird.

John Steinbeck

Laut Statistik
ist die Arbeit die Hauptursache
aller Betriebsunfälle.

"Meine Herren", sagt der Generaldirektor
bei einer Sitzung des Vorstandes,
"ich bin bereit zuzugeben,
daß ich vielleicht nicht immer Recht habe.
Aber unrecht habe ich nie!"

HELIKOPTER-MANAGEMENT:

ÜBER ALLEM SCHWEBEN, VON ZEIT ZU ZEIT AUF DEN BODEN KOMMEN, VIEL STAUB AUFWIRBELN UND WIEDER AB NACH OBEN.

Jede Schwäche ist auch
ein Zeichen von Stärke.

Rolf H. Ruhleder

Jede Begründung
wirkt wie eine Entschuldigung.

Rolf H. Ruhleder

Lieber Denkfalten auf der Stirn
als gar kein Profil.

Wer keinen Geist hat,
kann diesen auch nicht aufgeben.

Klugheit steckt nicht in den Jahren,
sondern im Kopf.

REIFEN MÜSSEN MINDESTENS

EINEN MILLIMETER PROFIL HABEN,

MENSCHEN NICHT.

Hier kann man ruhig
geteilter Meinung sein -
der Chef hat eine Meinung,
und die Angestellten haben sie
zu teilen.

Warum soll ich meine Zeit
damit vergeuden,
acht Stunden am Tag zu arbeiten,
nur um Chef zu werden
und dann zwölf Stunden am Tag
zu arbeiten?

Es gibt keinen vernünftigen Grund
für die Annahme, daß Arbeiten
unangenehmer sein muß
als Nichtarbeiten.

Kenneth Galbraith

MEIN KOLLEGE IST SPORTLICH -

ER REITET DIE STECKENPFERDE UNSERER

VORGESETZTEN.

Besser als Porschefahrer nach unten,
denn als Radfahrer nach oben.

Tränen sind wie Perlen -
man weiß nie, ob sie echt sind.

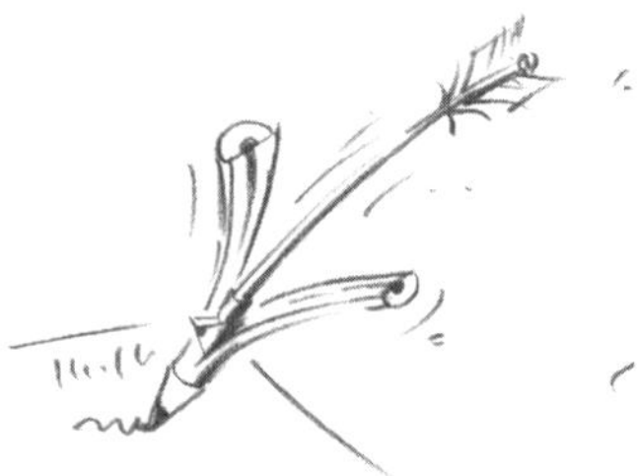

Führen durch Zielsetzung:
Die Ziele werden gemeinsam erarbeitet,
aber alle dem Chef nicht passenden Ziele
werden gestrichen.

Wie werde ich reich?
Aktiv: Geld her oder ich schieße!
Passiv: Geld her oder ich mache
keinen Finger mehr krumm!

WER KRIECHT,

KANN NICHT STOLPERN.

Liebet Eure Feinde.
Vielleicht schadet es ihrem Ruf.

In der Hölle ist der Teufel
eine positive Gestalt.

Daß er starb,
ist noch kein Beweis dafür,
daß er gelebt hat.

Alle Menschen haben eine Wirbelsäule,
aber nicht jeder hat ein Rückgrat.

Howard Spring

WEM DAS WASSER BIS ZUM HALSE STEHT,

DER DARF DEN KOPF NICHT HÄNGEN LASSEN.

WER IMMER NUR ANS GELDVERDIENEN DENKT,

VERDIENT AUCH NICHTS WEITER

ALS GELD.

Wie kommt es,
daß am Ende des Geldes
noch so viel Monat übrig ist ?

Ein Geschäft wird erst dann
ein Geschäft, wenn man dem
Finanzamt nachweisen kann,
daß es gar kein Geschäft war.

Männer verzeihen schwer
und vergessen leicht,
Frauen verzeihen leicht
und vergessen nie.

André Maurois

Das Finanzamt ist eine Institution,
die bewirkt hat, daß Reisende
nicht mehr ihre Sekretärin als Ehefrau,
sondern ihre Ehefrau als ihre
Sekretärin ausgeben.

Schmiergelder sind:
monetäre Motivation;
pekuniäre Entscheidungshilfen;
Wettbewerbsverdrängungsvergütung.

Ordnung ist das halbe Leben -
woraus mag die andere Hälfte
bestehen?

Heinrich Böll

Von jetzt an werde ich nur so viel ausgeben,
wie ich einnehme – und wenn ich mir Geld
dafür borgen muß.

Der Gewinn soll nicht die Basis,
sondern das Resultat
der Dienstleistung sein.

Henry Ford

NICHT JEDER,

DER GERNE ABSTAUBT,

IST FÜR REINLICHKEIT.

Man muß die Tatsachen kennen,
bevor man sie verdrehen kann.

Mark Twain

Keine große Idee ist je auf einer
Konferenz geboren,
aber viele dumme Gedanken
sind dort gestorben.

Francis Scott Fitzgerald

Ein Urteil läßt sich widerlegen,
aber niemals ein Vorurteil.

Marie v.Ebner-Eschenbach

Viele Leute glauben, daß sie denken,
wenn sie lediglich ihre Vorurteile
neu ordnen.

Ein Vorurteil ist ziemlich sicher
daran zu erkennen, daß man sich
bei seiner Begründung ereifert.

Victor de Kowa

FÜHREN DURCH KONSENS:

ES WIRD SO LANGE DISKUTIERT, BIS ALLE

MIT DEM CHEF ÜBEREINSTIMMEN.

Herr, gib mir Geduld - aber schnell.

Gedanken sind wie Haare.
Die meisten sind wertlos,
sobald sie den Kopf verlassen
haben.

Wenn ein Spießbürger stirbt,
wird ein Stück Freiheit geboren.

Es ist töricht, sich im Kummer
die Haare zu raufen, denn noch nie
war Kahlköpfigkeit ein Mittel
gegen Probleme.

Mark Twain

Steigerung des Luxus: Eigenes Auto,
eigene Villa, eigene Meinung.

EIN DURCHLAUFERHITZER IST EIN CHEF,

DER MORGENS DIE BÜROS DURCHSTREIFT

UND DIE GEMÜTER DER MITARBEITER

IN WALLUNG BRINGT.

HANS KASPER

Das Positive am Skeptiker ist,
daß er alles für möglich hält.

Thomas Mann

Die gesündeste Turnübung
ist das rechtzeitige Aufstehen
vom Eßtisch.

Giorgio Pasetti

Der arbeitende Pflug blinkt,
das stehende Wasser stinkt.

Jeder hat ganz bestimmte Neigungen,
und manchmal gehen sie sogar parallel
mit der Fähigkeit.

WIR VERSPRECHEN HIER GAR NICHTS,

ABER DAS HALTEN WIR!

Der Kopf ist jener Teil des Körpers,
der uns am häufigsten im Weg steht.

Gabriel Laub

Vieles erfahren haben,
heißt noch nicht, Erfahrung besitzen.

Marie von Ebner-Eschenbach

Lang ist der Weg durch Lehren,
kurz und erfolgreich durch Beispiele.

Je höher die Stellung eines Vorgesetzten,
desto mehr Fehler darf er machen,
und wenn er nur noch Fehler macht,
dann ist das sein Stil.

Fred Astaire

ICH MUSS NICHT SELBST IN DER PFANNE

GELEGEN HABEN, UM EIN SCHNITZEL BRATEN

ZU KÖNNEN.

Gegen Angriffe kann man sich wehren,
gegen Lob ist man machtlos.

MMMM =
Man muß Menschen mögen

Aus dem Minus ein Plus machen:
Was für den einen
eine angenehme Erwartung ist,
ist für den anderen
eine unangenehme Möglichkeit.

Die Wahrheit zu sagen,
hat viele Vorteile.
Der erste besteht darin,
daß die Menschen
die Natürlichkeit bestaunen,
mit der man lügt.

Jean Dutourd

NUR WER MENSCHEN LIEBT,

SOLLTE SIE FÜHREN.

Fange nie an aufzuhören,
und höre nie auf anzufangen.

Worte sind natürlich das stärkste Rauschgift, das die Menschheit verwendet.

Rudyard Kipling

Der Klatsch der Frauen ist harmlos.
Der Klatsch der Männer ist gefährlich.
Man nennt ihn Konferenz.

Francoise Sagan

Ein unerfahrenes Mädchen
muß lernen zu küssen
wie eine erfahrene Frau.
Als erfahrene Frau
muß sie lernen zu küssen
wie ein unerfahrenes Mädchen.

DIE KLUGE FRAU FOLGT IHREM MANN

WOHIN SIE WILL.

Wie schnell ist nichts passiert!

Zahnlose haben die
größte Zungenfreiheit.

Stanislaw Lec

Man gibt Geld aus, das man
nicht hat, für Dinge, die man
nicht braucht, um damit
Menschen zu imponieren,
die man nicht mag.

Walter Winchell

Lieber eine appetitliche Kollegin
als einen ungenießbaren Chef.

LIEBER EINEN STEILEN ZAHN,

ALS GAR KEIN

GEBISS.

Es gibt Kollegen
mit gutem Gedächtnis
und solche, die bloß nicht
vergessen können.

Kollegen-Weisheiten:
Wer nicht weiß, was er will,
muß wenigstens wissen,
was die anderen sollen.

Ein Dekolleté ist jener schmale Grat,
auf dem der gute Geschmack balanciert,
ohne herunterzufallen.

Coco Chanel

Seien Sie freundlich zu den Leuten,
die Sie beim Aufstieg treffen -
sie könnten Ihnen beim Abstieg
wieder begegnen.

WER SEINEN MANTEL IN DEN WIND HÄNGT,

DARF SICH NICHT WUNDERN,

WENN ER FRIERT.

Wer den Teufel an die Wand malt,
spart die Tapete.

Wer mich nicht kennt,
hat nicht gelebt.

Wenn du einen Kollegen anpumpst,
nimm immer einen Pessimisten -
der erwartet erst gar nicht,
daß er´s zurückbekommt.

Ärgern Sie sich nicht,
wenn Ihnen die Haare ausfallen.
Stellen Sie sich vor, sie müßten
gezogen werden wie Zähne!

AN DEN WICHTIGSTEN STELLEN

SITZEN DIE GRÖSSTEN

NIETEN.

WIE WAR DAS SEMINAR?

„ZU BEGINN WAR ICH VERWIRRT, AM ENDE AUCH,

NUR AUF EINEM HÖHEREN NIVEAU.“

Erkenne ich meine Schwäche,
finde ich auch Deine Stärke.

Männer sind Frauensache.

Takt besteht darin, zu wissen,
wie weit man zu weit gehen darf.

Jean Cocteau

Es ist leichter, eine starke Frau
schwach zu machen als einen
schwachen Mann stark.

Das Leben ist wie eine Zielscheibe:
Nur wenn wir uns immer
in den Mittelpunkt stellen,
versucht uns jeder zu treffen.

Für alle Fälle aber gilt:
Auch das Happy-End
ist nur ein Ende.

Es gibt Frauen,
die sogar einem Echo gegenüber
das letzte Wort behalten.

Der Pessimist beklagt den Riß
in der Hose, der Optimist freut
sich über den Luftzug.

Ein Bankier ist ein Mensch,
der seinen Schirm verleiht,
wenn die Sonne scheint, und
ihn sofort zurückhaben will,
wenn es zu regnen beginnt.

WER ARBEITET MACHT FEHLER,

ICH MACHE KEINE FEHLER.

WIR HABEN NICHTS ZU SAGEN, ABER LASST ES UNS MIT NACHDRUCK TUN.

HEINRICH HOFFMANN

Die Liebe ist nicht blind,
aber sie drückt gern ein Auge zu.

Ein Pessimist ist ein Kollege,
der von zwei Übeln beide wählt.

Ein Optimist ist ein Mensch,
der die Dinge nicht so tragisch nimmt
wie sie sind.

Karl Valentin

Der Optimist sieht in jeder
Schwierigkeit eine Chance,
der Pessimist sieht in jeder Chance
eine neue Schwierigkeit.

WER GLAUBT, ETWAS ZU SEIN,

HAT AUFGEHÖRT,

ETWAS ZU WERDEN...

Ein Optimist ist einer, der glaubt,
daß das, was sich ereignen muß,
verschoben werden wird.

Kin Hubbard

Grundlage zu einem Erfolg
sind oft Niederlagen.

Ein Pessimist ist ein Mensch,
der nach dem Sarg Ausschau hält,
wenn er Blumen gerochen hat.

Henry L. Mencken

Ein Optimist ist jemand,
der genau weiß,
wie traurig die Welt sein kann,
während ein Pessimist jemand ist,
der täglich neu zu dieser
Erkenntnis gelangt.

Peter Ustinov

Der Optimist verkündet, daß wir
in der besten aller Welten leben,
und der Pessimist befürchtet,
daß es zutrifft.

James Branch Cabell

Lieber eine Katze im Bett
als einen Tiger im Tank.

Die Größe und der Erfolg des
Menschen zeigt sich darin, wie
oft er sich über Probleme ärgert.

Manche ärgern sich darüber,
daß die Rosen Dornen haben,
andere freuen sich, daß die
Dornen Rosen haben.

OB EINE SCHWARZE KATZE

UNGLÜCK BRINGT ODER NICHT,

HÄNGT DAVON AB,

OB MAN EIN MENSCH IST

ODER EINE MAUS.

Für den Optimisten
ist das Leben kein Problem,
sondern bereits die Lösung.

Was hilft aller Sonnenaufgang,
wenn wir nicht aufstehen?

Georg Christoph Lichtenberg

Die Leute, die niemals Zeit haben,
tun am wenigsten.

Hielten wir uns an all die Sprichwörter,
würden wir ein fast vollkommenes
Leben führen.

Dale Carnegie

BESSER VON PICASSO GEMALT,

ALS VOM SCHICKSAL GEZEICHNET.

Wer schon die Übersicht verloren hat,
der sollte wenigstens den Mut zur
Entscheidung haben.

Und eine Stimme sprach aus
dem Chaos "Lächele und sei froh!
Es könnte viel schlimmer kommen."
Und ich lächelte,
und es kam viel schlimmer!

Irren ist menschlich, doch wer den
Radiergummi vor dem Bleistift aufbraucht,
übertreibt.

J. Jenkins

Wer viel arbeitet, macht viele Fehler.
Wer wenig arbeitet, macht wenig Fehler.
Wer nicht arbeitet, macht keine Fehler,
und wer keine Fehler macht -
der wird befördert.

WIR KENNEN ZWAR DIE AUFGABE NICHT,

ABER WIR BRINGEN DAS DOPPELTE.

Natürlich zu sein ist die schwierigste Pose,
die man einnehmen kann.

Oscar Wilde

Als Gott die Menschen erschuf,
war er bereits müde;
das erklärt manches.

Mark Twain

Ein echter Feinschmecker,
der ein Rebhuhn verspeist, kann sagen,
auf welchem Bein es zu schlafen pflegte.

Jean Anthelme Brillat-Savarin

Stil heißt, den anderen nicht merken zu lassen,
daß ich es versehentlich besser weiß.

Rolf H. Ruhleder

TAKT IST DIE FÄHIGKEIT,

ANDERE SO DARZUSTELLEN,

WIE SIE SICH SELBST GERN SEHEN.

ABRAHAM LINCOLN

"POSITIVES DENKEN"

HEISST, SICH IMMER

WIEDER AUF DIE

NÄCHSTE ÜBERRASCHUNG

ZU FREUEN.

Viele Überraschungen – und damit viel Freude – wünschen Ihnen

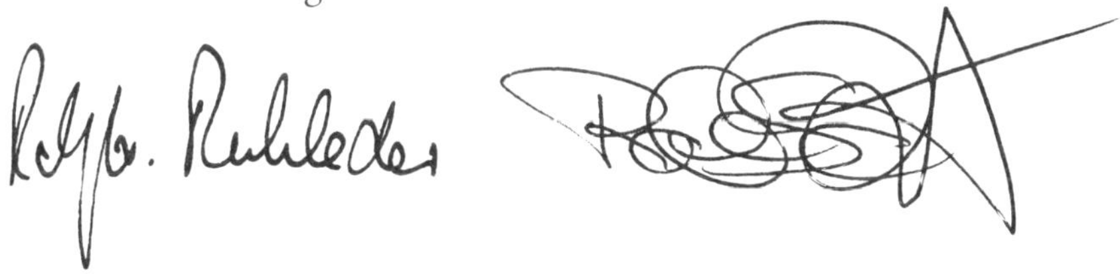

Stichwortverzeichnis